Visita nuestro sitio www.av2books.com e ingresa el código único del libro.
Go to www.av2books.com, and enter this book's unique code.

CÓDIGO DEL LIBRO
BOOK CODE

AVU48826

AV² de Weigl te ofrece enriquecidos libros electrónicos que favorecen el aprendizaje activo.
AV² by Weigl brings you media enhanced books that support active learning.

El enriquecido libro electrónico AV² te ofrece una experiencia bilingüe completa entre el inglés y el español para aprender el vocabulario de los dos idiomas.

This AV² media enhanced book gives you a fully bilingual experience between English and Spanish to learn the vocabulary of both languages.

Spanish

English

Navegación bilingüe AV²
AV² Bilingual Navigation

Copyright ©2020 AV² de Weigl. Library of Congress Cataloging-in-Publication Data se encuentra en la página 24.
Copyright ©2020 AV² by Weigl. Library of Congress Cataloging-in-Publication Data is located on page 24.

Conoce a mi mascota

El pez

En este libro, aprenderás

cómo es

qué come

qué hace

cómo cuidarlo

¡y mucho más!

Quiero tener un pez de mascota.

Debo aprender cómo cuidarlo.

Hay muchos tipos de peces para elegir como mascota.

Hay peces de diferentes tamaños, formas y colores.

A la mayoría de los peces les gusta vivir con otros peces.

Debo asegurarme de que los peces que elija serán amigos.

Los peces beta no se llevan bien entre sí.

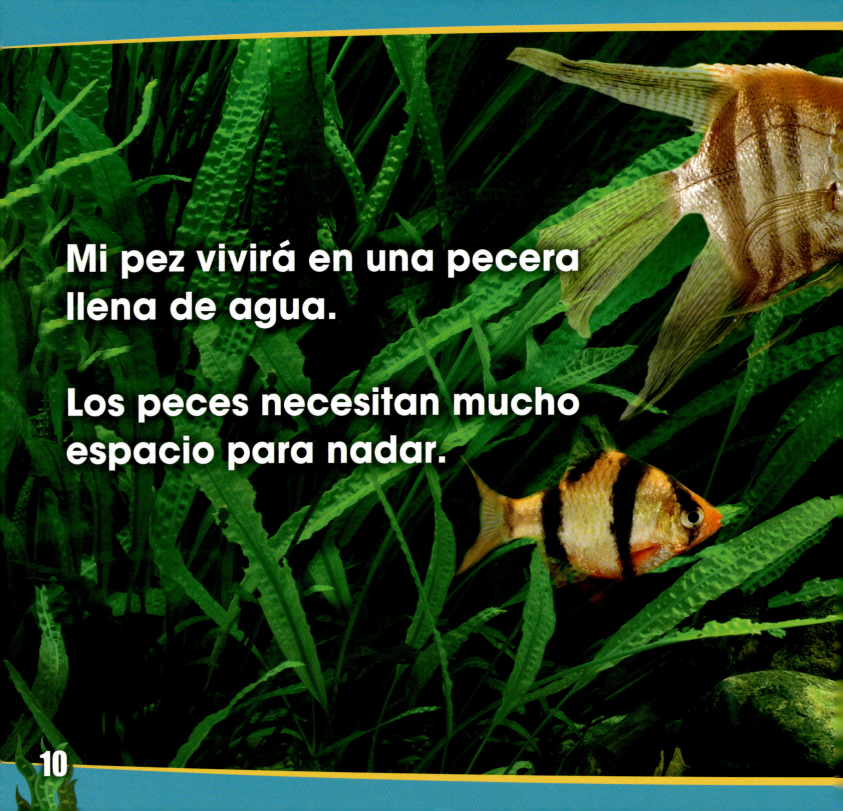

Mi pez vivirá en una pecera llena de agua.

Los peces necesitan mucho espacio para nadar.

El acuario de Georgia, en Atlanta, es el más grande del mundo.

Mi pez necesita vivir en agua limpia.

Ayudaré a limpiar la pecera todas las semanas.

Pondré plantas y piedras en la pecera de mi pez.

Con las plantas y piedras, se sentirá como en su casa.

A algunos peces les gusta esconderse en las grietas que quedan entre las piedras.

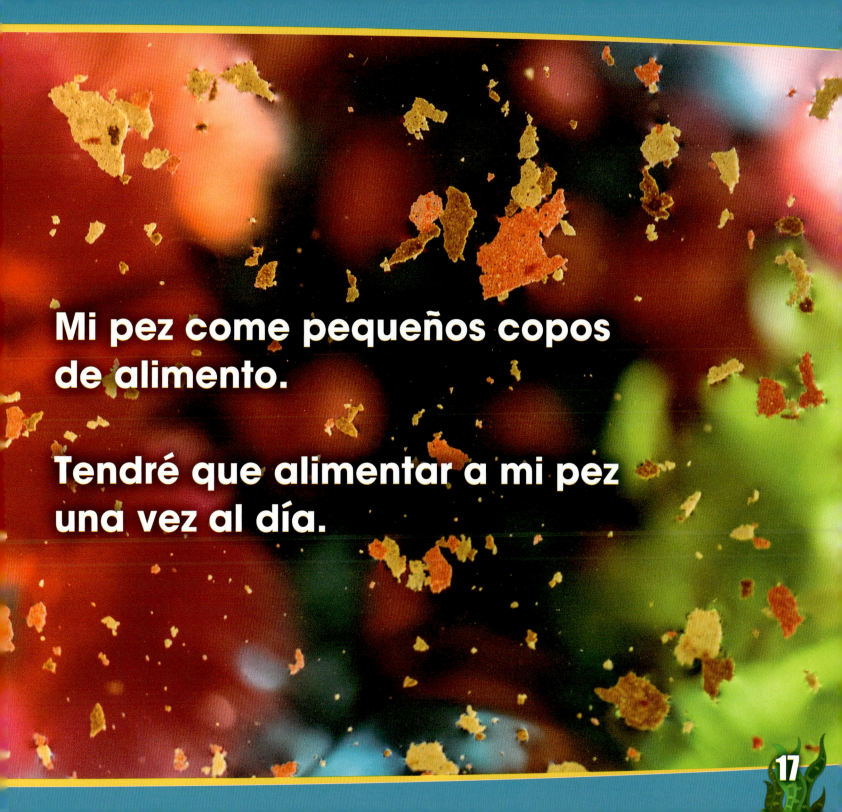

Mi pez come pequeños copos de alimento.

Tendré que alimentar a mi pez una vez al día.

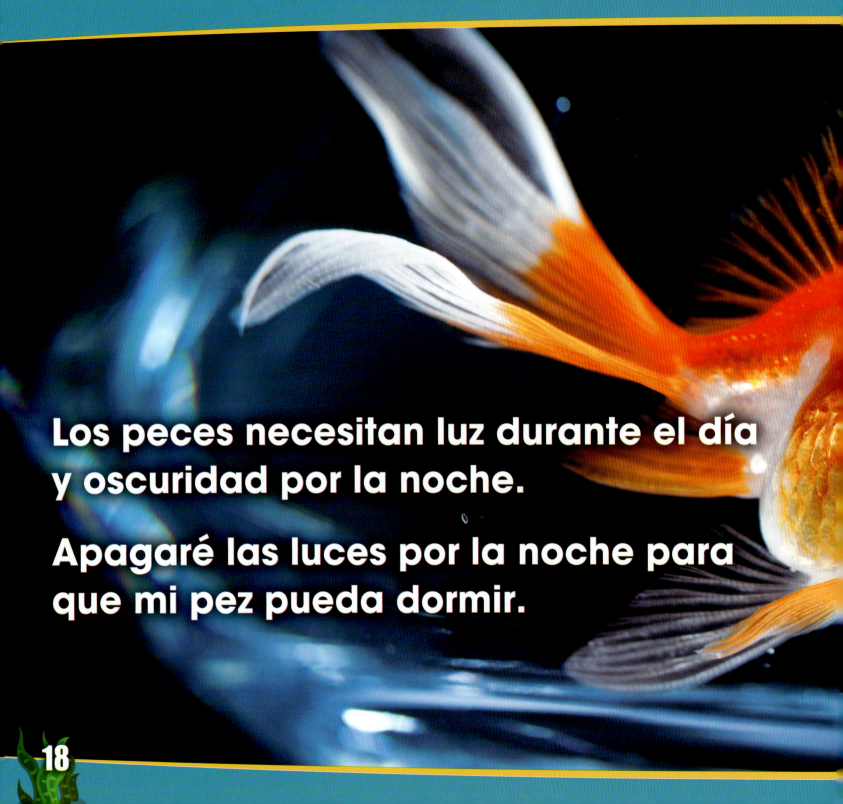

Los peces necesitan luz durante el día y oscuridad por la noche.

Apagaré las luces por la noche para que mi pez pueda dormir.

El pez dorado puede volverse blanco cuando está en un lugar oscuro.

Estoy listo para llevar a mi pez a casa.

Lo cuidaré mucho.

DATOS SOBRE LOS PECES

Estas páginas ofrecen información detallada sobre los interesantes datos de este libro. Están dirigidas a los adultos, como soporte, para que ayuden a los jóvenes lectores a redondear sus conocimientos sobre cada sorprendente animal presentado en la serie *Conoce a mi mascota*.

Páginas 4–5

Quiero tener un pez de mascota. Las personas han tenido peces en sus casas y estanques desde hace cientos de años. Recién en el 1800, la gente comenzó a tener peces como mascotas en los Estados Unidos. Actualmente, los peces son una buena opción de mascota para los que viven en lugares pequeños. Los peces de agua dulce también pueden ser menos costosos que otras mascotas. Una vez instalada, muchos dueños de peces gastan menos de $50 por año en mantener la pecera.

Páginas 6–7

Hay muchos tipos de peces para elegir como mascota. El pez necesita vivir en agua salada o dulce, dependiendo de la especie. Algunos peces de agua dulce necesitan vivir en una pecera con calentador. Los que no lo necesitan se llaman peces de agua fría. A los que quieren tener un pez por primera vez, se les recomienda tener un pez de agua fría porque son más fáciles de cuidar. El pez de agua fría más popular es el pez dorado, del cual existen más de 100 especies diferentes.

Páginas 8–9

A la mayoría de los peces les gusta vivir con otros peces. Antes de agregar nuevos peces a la pecera, los dueños deben averiguar con qué otras especies pueden compartir su hogar. Todos los peces que viven en la misma pecera deben necesitar las mismas condiciones de agua. Antes de incorporar un nuevo pez, asegúrate de averiguar cuánto espacio necesita cada pez para evitar que la pecera esté demasiado poblada. Disminuir la intensidad de las luces de la pecera puede ayudar a reducir el estrés de los peces nuevos mientras se adaptan a su nuevo entorno.

Páginas 10–11

Mi pez vivirá en una pecera llena de agua. Una pecera pequeña generalmente puede alojar a cuatro peces pequeños o medianos. Todas las peceras deben tener una bomba de aire para mantener el agua oxigenada. La pecera debe colocarse fuera de la luz solar directa para regular la temperatura del agua. Si en la casa viven otras mascotas, es importante tapar la pecera y colocarla en un lugar seguro. Tapar la pecera también ayuda a mantener la temperatura del agua.

Páginas 12–13

Mi pez necesita vivir en agua limpia. La pecera debe tener un sistema de filtrado para limpiar el agua. Los cambios en el estado del agua pueden estresar y enfermar a los peces. Para evitar que tus peces se enfermen, solo se debe reemplazar el 25 por ciento del agua de la pecera cada vez que la limpies. Asegúrate de colocar a tus peces en una pecera provisoria cuando limpies tu pecera.

Páginas 14–15

Colocaré plantas y piedras en la pecera de mi pez. Colocar plantas y otros ornamentos para peceras permite a tus peces tener un lugar donde esconderse. Esto los ayuda a sentirse seguros. También se debe colocar una capa de grava en el fondo de la pecera. La grava ayuda a sujetar las plantas y colabora con el desarrollo de bacterias nitrificantes, un tipo de bacterias benignas que ayudan a limpiar el agua de las peceras.

Páginas 16–17

Mi pez come pequeños copos de alimento. Los copos de alimento seco para peces, que se compran en la tienda de alimentos para mascotas, ofrecen al pez una dieta balanceada. Si quieres variar su dieta, puedes darles alimentos frescos, como artemias vivas, gusanos de sangre y gusanos de fango. Cada especie de pez tiene sus propias necesidades alimenticias. Los dueños deben averiguar qué alimento es mejor para sus peces. Como regla general, no se debe sobrealimentar a los peces.

Páginas 18–19

Los peces necesitan luz durante el día y oscuridad por la noche. Mientras haya una luz encendida en la pecera o en la habitación donde está la pecera, el pez no dormirá. Encender y apagar las luces repentinamente puede asustar y estresar a los peces. Sus ojos tardan mucho en adaptarse a los cambios de luz porque no tienen párpados. La mayoría de los peces continúan moviéndose mientras duermen. Esto los ayuda a mantener el equilibrio y la posición en el agua. Otros peces duermen en el fondo de la pecera.

Páginas 20–21

Estoy listo para llevar a mi pez a casa. Los peces necesitan un cuidado especial para estar contentos y sanos. Si el comportamiento, el aspecto o los hábitos alimenticios de un pez cambian, podría estar enfermo. Los dueños pueden hablar con un veterinario si creen que sus peces pueden estar enfermos. Si un pez de la pecera se enferma, podría ser necesario colocarlo temporalmente en otra pecera para evitar que los demás peces también se enfermen.

¡Visita www.av2books.com para disfrutar de tu libro interactivo de inglés y español!

Check out www.av2books.com for your interactive English and Spanish ebook!

1 **Entra en www.av2books.com**
Go to www.av2books.com

2 **Ingresa tu código**
Enter book code

AVU48826

3 **¡Alimenta tu imaginación en línea!**
Fuel your imagination online!

www.av2books.com

Published by AV² by Weigl
350 5th Avenue, 59th Floor New York, NY 10118
Website: www.av2books.com

Copyright ©2020 AV² by Weigl

All rights reserved. No part of this publication may be reproduced, stored in a retrieval system, or transmitted in any form or by any means, electronic, mechanical, photocopying, recording, or otherwise, without the prior written permission of the publisher.

Library of Congress Control Number: 2019936059

ISBN 978-1-7911-1018-5 (hardcover)
ISBN 978-1-7911-1020-8 (multi-user eBook)

Printed in Guangzhou, China
1 2 3 4 5 6 7 8 9 0 23 22 21 20 19

032019
111918

Spanish Project Coordinator: Sara Cucini
Spanish Editor: Translation Cloud LLC
English Project Coordinator: Jared Siemens
Designer: Terry Paulhus

Every reasonable effort has been made to trace ownership and to obtain permission to reprint copyright material. The publisher would be pleased to have any errors or omissions brought to its attention so that they may be corrected in subsequent printings.

The publisher acknowledges Alamy, Dreamstime, and iStock as its primary image suppliers for this title.